일과 사람
12 뮤지컬 배우

무대는 언제나 두근두근

소윤경 쓰고 그림

사계절

얘들아, 내 이야기 좀 들어 볼래?
나는 고양이가 되었다가 나무가 되었다가
왕이 되기도 하고, 거지가 되기도 해.
나는 뮤지컬 배우! 춤추고 노래하며 연기를 하지.
이번에는 꼬꼬댁 닭이 되고 싶어. 웬 닭이냐고?
뮤지컬 '몽냥꼬'에서 배우를 뽑는대.
몽은 개, 냥은 고양이, 꼬는 닭. 꼬, 너는 내 거다!
귀여운 조카 살구야, 어서 오디션 준비를 하자.

아, 유명한 선배 배우도 있네. 같이 공연했던 친구도 왔어.
저 사람은 노래를 정말 잘하는구나. 아주 잘생긴 사람도 있어.
이 많은 배우 가운데 꼬를 맡을 사람은 딱 한 사람!
그 사람이 나였으면 좋겠어.
내가 좋아하는 연출가가 만든 뮤지컬에 꼭 함께 하고 싶어.

내 차례야!
심사 위원 여러분, 연출가, 극작가, 음악 감독, 춤 감독, 감독님들!
눈을 반짝, 귀를 쫑긋 하고 지켜봐요.
내가 얼마나 열심히 준비했는지, 얼마나 잘하는지 보아 주세요.
자, 숨을 깊이 들이쉬고, 시작!
나는 꼬! 뒤뚱거리며 춤을 추고, 높은 소리로 노래해.
도도하게 고개를 젓고, 호들갑스럽게 말하지.

"여보세요? 제가 뽑혔다고요? 제가 꼬라는 말이죠?"
그저께도 오지 않고, 어제도 오지 않더니, 오늘에야 온 소식!
기뻐서 몸이 붕붕 날 것 같아.
살구야, 이제 삼촌을 꼬라고 불러 다오!
어서 대본을 받아 오자. 내 이름이 쓰인 대본.
악보를 받아 오자. 꼬 노래를 연습하자.
살구야, 내 뺨 좀 꼬집어 봐.
아야야앗! 꿈이 아니야.

무지컬 몽냥꼬

외로운 동물 셋, 쓸쓸한 사람 둘. 우리도 식구 한번 해 볼까?

떠돌이 개랑 도둑고양이랑 삼계탕이 될 뻔한 닭이 복녀 할머니 집에
살게 됐어요. 셋 다 말썽쟁이에다가 아옹다옹 다투는 일도 잦아서 집이
조용할 날이 없어요. 어쩌다가 지화자 할머니까지 같이 살게 됐는데,
어찌나 호들갑스럽고 시끄러운지 몰라요. 외롭고 쓸쓸하고 배고픈 동물 셋과
사람 둘은 사이좋게 한 식구가 될 수 있을까요?

오늘은 연습 첫날. 모두 모였어. 넓은 연습실이 꽉 찼네.
몽이와 냥이 모두 오디션 때 보았던 얼굴이야.
지화자 할머니 역을 맡은 선배님도 벌써 와 계셔.
내가 정말 존경하는 배우야. 함께 노래하고 춤출 수 있다니!
연출가는 활달하구나. 꼭 한번 함께 하고 싶었는데, 기회가 왔어.
"꼬를 맡은 정지호입니다. 얘는 살구예요. 잘 부탁합니다!"

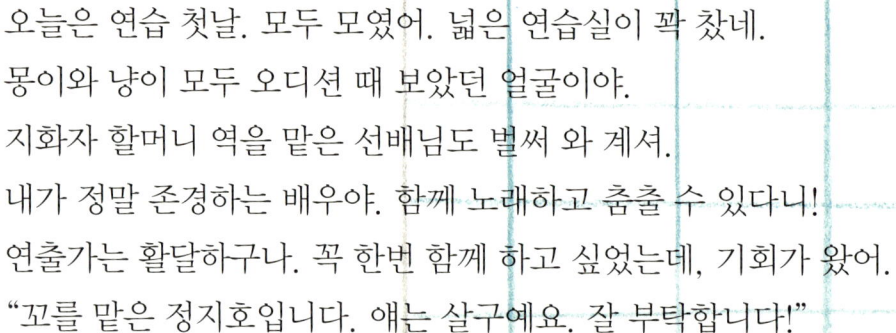

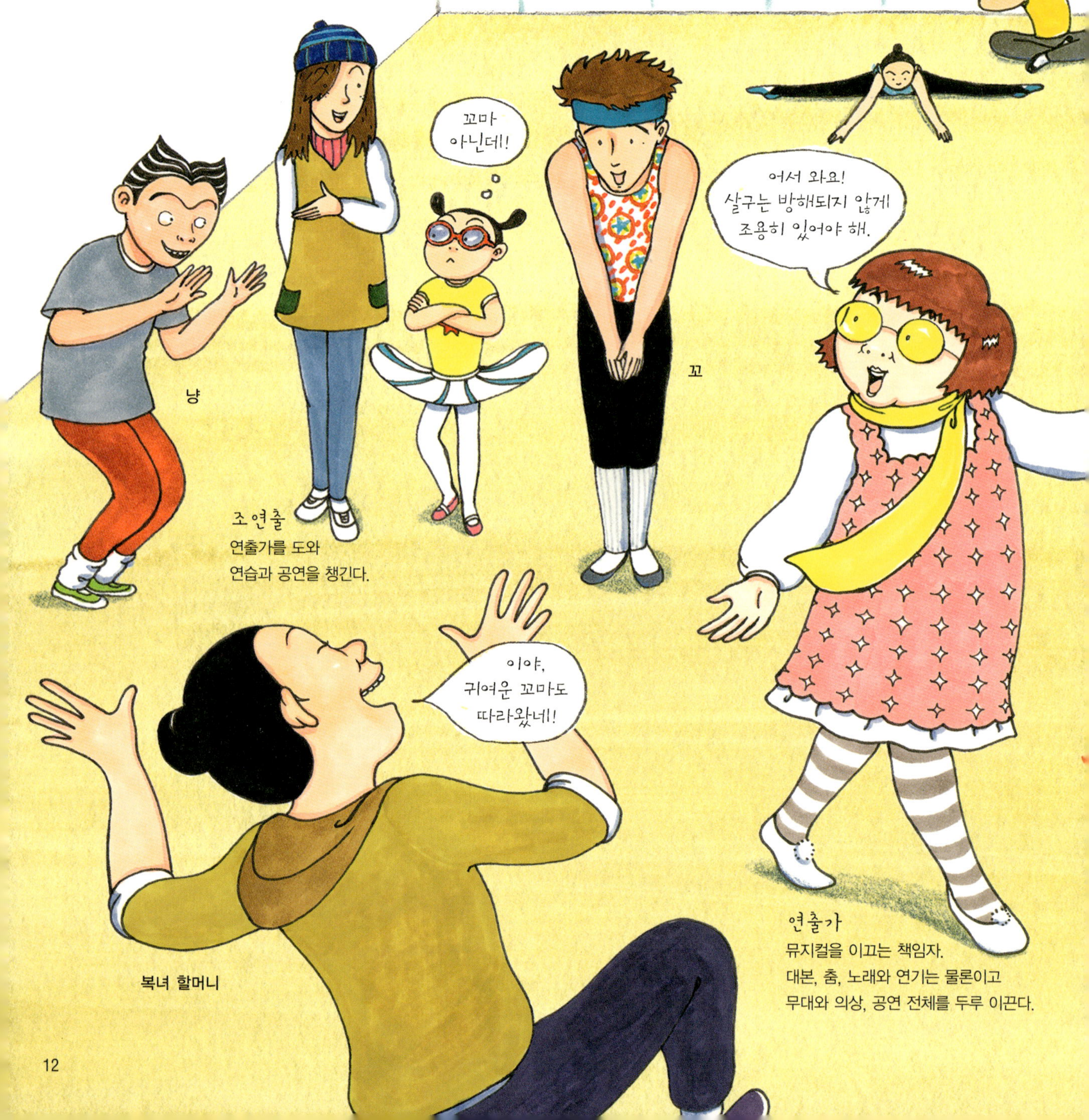

냥

조연출
연출가를 도와
연습과 공연을 챙긴다.

복녀 할머니

연출가
뮤지컬을 이끄는 책임자.
대본, 춤, 노래와 연기는 물론이고
무대와 의상, 공연 전체를 두루 이끈다.

첫인사를 마치고 대본을 읽는 시간!
혼자 대본을 여러 차례 읽었지만, 함께 맞추려니 아직 어색해.
할머니 역을 맡은 선배님들 좀 봐.
대본 속 할머니들이 튀어나와 이야기하는 것 같아.
벌써 손짓도 지화자 같고, 눈빛도 복녀 같아.
말투가 입에 착 붙었어. 발음도 틀리는 곳이 없어.
어떻게 하면 저렇게 잘할까? 얼마나 연습해야 저렇게 잘해?

닭도 개도 고양이도 다 우리 식구라고.

극작가
대본 쓰는 사람. 대사와 노랫말, 춤, 몸짓, 배경, 소품까지 다 쓴다. 배우들이 대본을 잘 이해하도록 연습을 돕기도 한다.

"삼촌, 꼬는 몇 살이야?"
살구야, 나도 꼬가 많이 궁금해.
꼬는 뛰노는 걸 좋아할까, 틈날 때마다 잠자는 걸 좋아할까?
나는 대본에 적혀 있는 꼬를 꼼꼼히 연구해.
그리고 대본에 적혀 있지 않은 모습까지 상상하며 꼬를 만들어.
연출가와 토론하고, 극작가와 의논해.
다른 배우들과 의견을 나누고 맞춰 보면서 꼬를 완성해.
그렇게 나만의 꼬를 만들지.
그래야 꼬답게 춤추고 노래할 수 있어.

꼬는 할머니랑 가장 오래 살아서 냥이 몽이한테 맏언니처럼 굴어요. '닭이 먼저인가, 달걀이 먼저인가' 고민해요.

뒤뚱뒤뚱 걷는 게 아니라, 사뿐사뿐 걷고 싶은 아이!

나는 꼬가 되어 노래해. 꼬가 겪은 일들을 노래해.
목소리를 곱게 낸다고 잘 부르는 게 아니야.
소리가 높이 올라간다고 잘 부르는 게 아니지.
꼬가 느낀 기쁨과 슬픔이 담겨 있어야 잘 부르는 거야.
"간장 옷을 입으면 간장 치킨, 양념 옷을 입으면 양념 치킨이라네."
재미난 노랫말이라 흥겹게 부르는데, 음악 감독님이 한마디 해.
"꼬는 슬퍼. 꼬의 마음으로 불러요."

음악 감독
뮤지컬에 쓰이는 음악의 총책임자.
작곡가나 연주자를 비롯해 전문 음악가를 뽑고,
배우들한테 노래 연기를 지도한다.

여럿이 함께 부를 때는 노랫소리가 어우러지는 게 가장 중요해.
입만 열고 부르는 게 아니야. 귀를 열고 잘 들어야 해.
냥이야, 몽이랑 맞추어 불러야지. 혼자 빨라지잖아.
하기는 처음부터 잘하면 연습을 왜 하겠어. 자꾸자꾸 연습하면 더 잘하겠지.

춤을 춰. 닭처럼 걷고, 봄처럼 뛰고, 웃음처럼 구르자.
몸짓으로 이야기를 펼치자. 몽은 몽답게, 냥은 냥답게, 꼬는 꼬답게.
"고양이가 담장에서 뛰어내리듯 사뿐사뿐!"
춤 감독님 목소리가 음악 소리보다 더 커.
지화자, 복녀 할머니들은 춤으로 이야기를 주고받아.
연습을 많이 해야 몸이 춤을 기억해. 꿈에서도 춤을 추지.
땀이 비 오듯 흘러. 힘이 들긴 하지만 기분은 참 좋아.

어느새 한 달이 지났어.
그동안 노래와 춤과 연기를 배우마다 따로 연습했어.
오늘부터 다 함께 맞추어 연습할 거야. 진짜 공연처럼 말이야.
배우들이 모두 한자리에 모였어. 살구야, 정말 신 나겠지?
조연출은 거울을 커튼으로 가리고,
연습실 바닥에 흰 테이프를 붙여서 무대를 그렸어.
진짜 무대랑 똑같이 집이며 툇마루가 있는 자리도 표시했어.
이제 연습하면서 배우들이 움직이고 서는 자리도 다 정할 거야.

그런데 오늘따라 왜 이러지?
무언가 잘 맞지 않아.
냥이야, 몽이 앞을 가리지 마!
박자도 너무 빨라! 그러다 다치겠어!
아이쿠!

냥이가 한발 앞서 나가는 바람에 몽이가 부딪혔어.
몽이는 발목을 다쳐서 연습을 쉬어야 해.
다들 마음이 무거워. 연습실 분위기도 무거워.

며칠 연습에 빠지게 됐으니 미안해서 어쩌지?

냥이가 왜 그랬을까? 나는 알지.
나도 처음에는 그랬어. 내 노래와 춤이 남보다 더 돋보이고 싶었어.
지금은 그게 아니라는 걸 알아. 나만 혼자 빛날 수는 없어.
나 혼자 무대에 올라가는 게 아니잖아.
모두가 어우러져 함께 빛나야 관객들한테 감동을 줄 수 있지.
살구야, 이따가 냥이랑 몽이랑 아이스크림 먹으러 가자. 할 이야기가 있어.

오랜만에 다 같이 연습을 시작했어.
무엇이 달라진 걸까?
냥이는 몽이 노랫소리를 들어.
몽이는 냥이 발걸음을 살펴.
모두가 작은 표정까지 하나하나
서로 맞추면서 연기를 해.

손발이 척척 맞고, 박자가 딱딱 맞고, 마음이 착착 맞아.
그래, 마음을 맞추는 데도 연습이 필요하지.
살구야, 삼촌이 얼마나 행복한지 보이니?
우리는 함께 웃음을 만들고 눈물을 만들어.
우리는 배우야.

닭처럼 뛰고 날아 보자. 흐음, 날기에는 엉덩이가 좀 무거운가?
냥이는 늘씬한 회색 고양이가 됐어. 몽이는 귀여운 누렁이가 됐어.
멋쟁이 지화자 할머니는 하늘하늘 하늘빛 옷이 잘 어울려.
옷을 입어 보니 하루빨리 무대 위에 서고 싶어!
무대에서 쓸 물건들도 왔어.
조연출이 번호를 매겨서 챙겨.

공연할 날이 코앞으로 다가왔어. 극장에서는 무대를 세우고 있어.
몽냥꼬가 사는 집도 짓고, 산신령이 산다는 뒷동산도 뚝딱뚝딱 세워.
우리 이야기가 펼쳐질 세계가 만들어지는 거야.
저기 달린 조명은 햇빛도 되고, 달빛도 되고, 번쩍번쩍 번개도 될 거야.
연출가와 무대 감독은 구석구석을 살피고 확인해.
무대 위에는 배우들만 올라가지만,
무대 뒤에서 아주 많은 사람들이 일하고 있지.
살구야, 정말 멋지지 않니?

공연이 사흘 남았어.
오늘은 무대, 조명, 음악까지 맞추어 보는 날이야.
우리가 연기할 때 하늘에서 번개가 치거나,
바닥에서 연기가 피어오르는 것이 딱딱 맞아야 해.
무대가 집 안에서 산속으로 바뀌는 것도 자연스러워야 해.
나는 엉덩이가 한층 가벼워진 깃털 옷을 입고 무대에 올랐어.
이제 우리 몽, 냥, 꼬와 할머니들은 눈빛만 봐도 마음을 알 수 있게 됐어.
오히려 연출가와 감독들이 조금 긴장하는 것 같아.
자, 관객을 만나기 위한 마지막 연습, 잘해 봅시다!

잠깐, 냥이 마이크 확인 좀 할게요.

조명 감독
여러 빛깔 불빛으로 무대 공간을 비춘다. 빛깔로 배우들의 마음까지 표현한다.

음향 감독
소리가 관객들에게 잘 들리도록 음을 조정한다.

기술 감독
무대 장치들을 극장에 설치한다. 장치들이 잘 나오도록 살피고 조절한다.

분장 디자이너
배우들 얼굴을 역할에 맞게
꾸며 주는 사람.

드디어 공연 첫날! 아침 일찍 일어났어.
아아아 목을 풀고, 몸을 천천히 늘이고 굽혀.
더 꼼꼼히 몸을 확인해. 그리고 분장실에 가장 먼저 도착했어.
분장 디자이너가 내 얼굴에 분칠을 하고 빛깔을 입히기 시작해.
내 얼굴은 지워지고, 꼬 얼굴이 드러나.
깃털 옷을 입고 볏을 달고 나니, 나는 완벽한 꼬!
살구야, 안녕? 나는 꼬야. 반가워.
자, 무대 뒤로 가자.

막이 오르고 조명이 켜져. 음악이 울려.
몽아, 냥이야, 우리 차례야! 나가자!
지금 이 순간, 나는 기쁨을 노래해. 슬픔을 노래해.
꼬가 무대에서 날아올라. 몽이와 냥이, 할머니들도 빛나고 있어.
우리 노래가 들리나요? 우리 몸짓이 보이나요?
우리를 따라오세요.
춤과 노래와 이야기의 세계로 초대합니다!

수많은 눈이 반짝여. 우리를 보고 있어.
몽이 몸짓에 깔깔 웃고, 냥이 노래에 한숨짓고,
꼬의 춤사위에 어깨를 들썩여. 지화자 할머니의 외로움에 눈물짓고,
복녀 할머니 토닥임에 위로받는 사람들.

"와아아아아아!"
사람들이 소리치며 손뼉을 쳐. 공연이 끝났어.
배우들끼리 눈짓으로 서로 고맙다고 인사해.
무대에 차례로 나가 인사를 하자,
관객들이 자리에서 일어나 더 크게 손뼉 쳐.
우리는 세 번이나 무대로 불려 나가 인사를 했어.
관객들이 행복하게 웃고 있어. 우리와 함께 한바탕
신 나는 여행을 다녀온 기분이면 좋겠어.

자, 내 이야기가 어때?
왕이 되었다가 거지가 되었다가
닭이 되기도 하는 뮤지컬 배우 이야기,
재미있었니?

살구의 삼촌 관찰 일기

관찰 일기
살구

연습 20일째 날

개학을 했다. 이제 삼촌 뮤지컬 연습실에 아침부터 따라갈 수는 없다. 수업을 마치고 혼자라도 가고 싶다. 아빠는 길을 잃을지도 모른다며 반대했다. 엄마가 내 편을 들어 주어 겨우 허락받았다. 숙제도 잘하고 늦잠도 자지 않겠다고 약속했다.

연습 25일째 날

삼촌은 정말 못 말린다. 춥지도 않은데, 감기 걸릴까 봐 벌벌 떤다. 아침저녁으로 목구멍이랑 콧구멍을 소금물로 헹군다. 어제는 목에 수건을 감고 잤다. 목에 이불을 덮어 주는 거라나! 우리 삼촌이 바보라서 그러는 건 아니다. 배우는 목소리를 많이 내니까 조심하는 거다.

연습 32일째 날

냥이 삼촌과 몽이 삼촌이 부딪혔다. 서로 앞에 나서려다 그런 거다. 두 삼촌은 소리 높여 다투었다. 그때 지휘자 할머니가 두 삼촌한테 다가가더니 빤히 보았다. 삼촌들은 그제야 정신을 차렸는지, 다른 사람들한테 미안하다고 사과했다. 우리 반이랑 옆 반이랑 축구를 했던 게 떠올랐다. 우리 반이 졌다. 너도나도 공을 넣겠다고 나섰기 때문이다. 공 넣는 사람만 중요한 게 아니다. 공을 이어 주는 사람, 골대 곁에서 지키는 사람이 서로 도와야 한다. 몽이 냥이 삼촌은 그걸 모르나 보다. 우리 삼촌이 두 삼촌을 데리고 아이스크림 가게에 갔다. 몽이 냥이 삼촌은 어느새 헤헤거렸다. 먹는 걸로 화해하는 것도 우리 반 남자애들이랑 똑같다.

우리는 다정한 친구!

연습 80일째 날

지화자 할머니는 노래를 아주 잘한다.
듣고 있으면 마음이 용감해졌다가, 설레었다가, 북받쳤다가, 따뜻해진다.
할머니는 다른 배우들이 쉬는 시간에도 노래 연습을 한다.
내가 물었다. "할머니는 노래를 그렇게 잘하는데
왜 자꾸 연습해요?"
할머니가 대답했다. "응, 자꾸 연습하니까
잘하는 거야." 우리 삼촌도 지화자 할머니처럼
멋있어져야 할 텐데.

공연 첫날

드디어 오늘 첫 공연을 했다. 마음이 두근두근했다. 모두들
실수하지 말고 잘해야 할 텐데. 나는 눈에 불을 켜고 삼촌을
지켜보았다. 그런데 뮤지컬을 보고 있으니 어느새 우리 삼촌이
없어졌다. 무대 위에는 삼촌이 아니라 꼬가 있을 뿐이었다.
나는 몽, 냥, 꼬와 할머니들을 따라 배꼽 잡고 웃다가 훌쩍훌쩍
울었다. 배우들은 정말 멋지다. 배우들을 따라서
마법의 세계로 들어갔다가 나온 것 같다.
끝나고 나서 나는 손바닥에 불이 나도록
손뼉을 쳤다.

배우들한테 물었어

배우는 어떤 사람이에요?

나는 삼촌을 따라 연습실을 드나들었어.
배우들은 맡은 역도, 연습하는 방법도 다 달랐지만,
모두들 열심이었어. 나는 배우들을 만날수록
궁금한 게 많아졌어. 어떻게 배우가 됐을까?
어떤 배우가 좋은 배우일까? 배우한테 꼭 필요한 것이 무엇일까?

배우고 또 배워

배우가 되는 데 자격증이 필요한 건 아니야. 오디션을 치르고 뽑히면 돼.
누구나 오디션을 볼 수 있어. 하지만 누구나 뽑히지는 않지. 나는 대학에서
연기를 공부했어. 그런데 배우가 되고 나서 배울 게 훨씬 더 많다는 걸
알았지. 공연을 할 때마다 새로 경험하고 배우는 게 많아. 아무리 노래를
불러도 목이 쉬지 않는 방법 같은 것도 따로 배웠어. 여러 가지 춤도 배우고.

개성이 중요해

나는 가수가 되고 싶었어. 노래 공부를 하다가 뮤지컬을 보고는 한눈에 반했지.
노래와 춤이 모여 이야기가 되는 게 멋있더라고. 삼백 번째 오디션에서 처음
합격하고 좋아서 엉엉 울었어. 금방 스타가 될 줄 알고 들떴지. 그런데 선배님들이
어찌나 잘하시는지, 바로 기가 팍 죽었어. 하지만 배우마다 목소리와 몸짓, 표정이
다르니까, 나는 내 개성을 잘 찾고 싶어. 그래서 나만 할 수 있는 연기를 할 거야.

관객이 고맙지

무대 위에서는 이렇게 해야겠다, 저렇게 해야겠다 하고 계산하지 않아. 무대에 나가면
내가 아니라 꼬가 노래하고 춤추거든. 그냥 자연스럽게 꼬가 되는 것, 내가 몇 달 동안
연습한 게 그거야. 그리고 관객들이 고맙지. 나 혼자 재미있자고 노래하고 춤추는 건
아니잖아. 같이 울고 웃고 손뼉 쳐 줄 사람들이 있어야 뮤지컬이 완성되는 거야.

사람을 잘 이해해야 해

배우는 맡은 역을 깊이 이해하는 사람이라고 생각해. 무대 위에서 나는 할머니도 되고, 무서운 선생님도 되고, 눈물 많은 엄마도 되지. 때로는 장난스러운 요리사가 되기도 해. 이렇게 많은 사람이 되어 보려면, 사람을 잘 이해해야 해. 그래서 사람들이 어떻게 사는지, 어떤 마음으로 지내는지 알려고 노력해. 친구나 이웃들도 잘 살펴보고, 시장에 가서 사람들을 구경하는 것도 좋아해. 책이랑 신문도 많이 읽지.

 상상력이 있어야지

아직 주인공은 못 해 봤고, 작은 역은 많이 해 봤어. 아무리 작은 역이라고 해도 이야기에 꼭 필요하기 때문에 있는 거야. 나는 내가 맡은 역에 대해서 생각을 많이 해. 처지가 어떤지, 성격이 어떤지를 먼저 상상하지. 그에 따라 말투며 표정, 몸짓이 달라지거든. 상상력이 있어야 대본 속 인물을 살아 숨 쉬게 만들 수 있어.

서로 마음이 잘 맞아야 해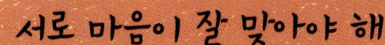

우리는 앙상블 배우야. 여럿이 함께 춤추고 연기하고 노래해. 전쟁에 나선 군사도 되고, 숲 속 나무들도 되고, 잔치에 모인 손님들이 되기도 해. 이야기를 감싸는 분위기를 표현할 수도 있어. 한 몸처럼 움직일 수 있게 손발 맞추는 연습을 많이 해. 그러려면 마음도 잘 맞아야 해. 서로 이해하고 함께 잘하려는 마음을 가져야 좋은 배우지.

 관찰하는 게 버릇이야

나는 이 공연에 열 번이나 나와. 놀랍지? 사실 이야기를 이끄는 역들은 아니야. 그렇지만 내가 무대에 나가면 관객들이 즐거워해. 나는 이야기의 한 부분이면서, 이야기를 감칠맛 나게 만드는 양념이기도 해. 이렇게 많은 역을 할 때는 내가 맡은 인물마다 뚜렷한 특징을 만들어 놓지. 늘 사람들을 관찰해야 특징을 잘 찾을 수 있어.

작가의 말

손바닥이 얼얼하도록 손뼉을 쳐!

나는 뮤지컬 공연 보는 걸 무척 좋아해. 작업실에 조용히 앉아 그림을 그리다 보면 엉덩이가 근질거릴 때가 있어. 그럴 때 힘이 넘치는 공연을 보면 나도 힘이 솟아.

극장에 들어가 앉으면 곧 불이 꺼지고, 공연 시작을 알리는 종이 울려. 이상한 나라로 떠날 채비를 하라는 신호야. 음악이 울리고 불이 켜지면 아름다운 무대가 눈앞에 펼쳐져. 분장을 한 배우들이 노래하고 춤추며 무대를 누벼. 배우들이 간절히 노래를 부를 때면 나까지 뭉클해져서 그만 울어 버리기도 해. 그러면 가슴에 막혔던 것이 뚫리는 것처럼 시원해. 재미있는 연기를 볼 때는 손뼉을 치면서 웃어. 머릿속에 차 있던 걱정거리들이 훅 날아가 버리는 것 같아. 모든 배우가 다 나와서 합창을 할 때면 팔이며 머리끝까지 오소소 소름이 돋아. 마치 커다란 배를 타고 바람을 가르며 달리는 기분이야.

어느덧 공연이 끝나고 배우들이 나와서 인사를 해. 나는 손바닥이 얼얼할 때까지 손뼉을 쳐. 소리도 질러. 배우들이 정말 멋지고 고마워서 참을 수가 없어. 공연장을 나와서도 귓가에 맴도는 노래를 흥얼거리면서 집으로 돌아와.

이 책은 공연을 만드는 많은 분들 도움으로 만들었어. 무척 바쁜데도 시간을 쪼개어 취재에 도움을 듬뿍 주셨어. 얼마나 고마운지 몰라.

이 책을 만들면서 뮤지컬을 실컷 보았어. 공연 팀인 척 검은 옷을 입고 극장 안을 요리조리 다녔어. 커다란 무대 장치며 꼼꼼하게 만든 소품과 무대 옷도 실컷 보았어. 배우 얼굴에 분장을 하는 것도 다 보았지. 정말 특별한 경험이었어.

무엇보다도, 멋진 뮤지컬 배우들을 만난 게 좋았어. 늘

배우고, 연습하고, 몸과 마음을
튼튼하게 가꾸는 사람들!
자기 일을 정말 좋아하는
사람들이었어. 사실 배우는 아주
특별한 사람인 줄 알았어. 재주를
타고나서 관객들 마음을 쉽게 사로잡는
줄 알았지. 물론 특별하긴 해. 그런데 그 특별함은 끝없는 연습으로 만들어 가는
거였어. 조금씩 더 나아지도록 날마다 성실하게 노력하는 사람들이었어. 그걸 알고
나니 더 존경하는 마음이 들었어.

 내가 가장 많이 취재한 팀은 배우와 연출, 감독들이 한 식구처럼 지내기로 이름났어.
연습하느라 힘들 텐데도, 연습실은 즐거운 수다와 웃음이 넘쳤어. 누구나 자유롭게
의견을 말하고, 힘든 일은 서로 위로하고, 깨우쳐 주기도 했어. 그걸 보면서 나도 배운
것이 하나 있지. 여러 사람이 모여서 일할 때는 마음을 모으는 것이 가장 중요하다는
거야.

 아, 내가 하나 알려 줄까? 공연 끝나고 배우들이 무대에서 인사하고 들어가도, 계속
손뼉을 쳐 봐. 한 번 더 나와 인사할지도 몰라. 손뼉 소리가 공연장을 가득 메우면,
배우들은 가슴이 터질 것같이 기쁘대. 물론 손뼉을 치는 우리도 기쁘고 행복해.

 나는 그림을 그리다가 지치면, 음악 틀어 놓고 춤을 춰. 우리 강아지도 덩달아 신이
나서 뛰어오르지. 신이 나면 힘든 줄도 몰라. 없던 힘도 생겨. 배우들도 자기가
좋아하는 일을 신 나게 하고 있어. 그래서 연습이 힘들고 몸 관리가 어려워도 힘을 내서
노력하나 봐. 게다가 사람들한테 기쁨도 주고. 배우는 참 멋져!

글·그림 **소윤경**

홍익대학교에서 회화를, 파리 국립8대학에서 조형 예술을 공부했습니다. 회화 작가로 개인전을 두 차례 열었고, 여러 전시에 작품을 냈습니다. 환상 세계를 다룬 동화들에 그림을 그렸고, 그림책 작업을 활발하게 하고 있습니다.
공산미술제, 소년한국일보 일러스트레이션 특별상, 한국어린이도서상 일러스트레이션 부문 특별상을 받았습니다.
『거짓말 학교』, 『캡슐 마녀의 수리수리 약국』, 『황금 깃털』, 『일기 감추는 날』, 『각시 각시 풀각시』,
『내가 형이랑 닮았다고?』, 『벌거벗은 임금님』 들에 그림을 그렸고, 『내가 기르던 떡붕이』를 쓰고 그렸습니다.

도와주신 곳 뮤지컬 '식구를 찾아서 2012'
　　　　　　극단 '신나는 극단 하늘 나는 오징어'
　　　　　　기획사 '엠제이 플래닛'
도와주신 분 이상은, 주은, 김현정, 남정우, 최영준, 김효숙, 이봉련, 이경욱, 양승호, 문민형, 이건명, 손광업(이상 배우),
　　　　　　오미영(연출가), 김숙희(분장 디자이너), 김재인, 심광영(무대제작소 스테이지)

일과 사람 12 뮤지컬 배우
무대는 언제나 두근두근

2013년 4월 30일 1판 1쇄
2020년 8월 31일 1판 6쇄

ⓒ소윤경, 곰곰 2013

글·그림 : 소윤경 | 기획·편집 : 곰곰_전미경, 안지혜, 심상진 | 디자인 : 권석연, 남경민 | 편집관리 : 그림책팀 | 제작 : 박흥기
마케팅 : 이병규, 이민정, 최다은 | 홍보 : 조민희, 강효원 | 출력 : 한국커뮤니케이션 | 인쇄 : 코리아 피앤피 | 제책 : 책다움
펴낸이 : 강맑실 | 펴낸곳 : (주)사계절출판사 | 등록 : 제406-2003-034호
주소 : (우)10881 경기도 파주시 회동길 252
전화 : 031) 955-8588, 8558 | 전송 : 마케팅부 031) 955-8595 편집부 031) 955-8596
홈페이지 : www.sakyejul.net | 전자우편 : picturebook@sakyejul.com
블로그 : skjmail.blog.me | 페이스북 : facebook.com/sakyejulpicture
트위터 : twitter.com/sakyejul | 인스타그램 : sakyejul_picturebook

값은 뒤표지에 적혀 있습니다. 잘못 만든 책은 구입하신 서점에서 바꾸어 드립니다.
사계절출판사는 성장의 의미를 생각합니다. 사계절출판사는 독자 여러분의 의견에 늘 귀 기울이고 있습니다.
이 책은 저작권법에 따라 보호받는 저작물이므로 무단전재와 무단복제를 금합니다.

ISBN 978-89-5828-669-1 74370 ISBN 978-89-5828-463-5 74370(세트)

이 책의 국립중앙도서관 출판시도서목록(CIP)은 다음 홈페이지에서 이용할 수 있습니다. http://www.nl.go.kr/ecip CIP제어번호:CIP2013003231